Cours d'architecture

Murielle Lucie Clément

Cours d'architecture
Crime à l'université
Version light 3

MLC

Du même auteur :

Cours de chant (version light)
Cours de littérature (version light)
Crime à Paris (roman)
Crime à Amsterdam (roman)
La Clarté des ténèbres (nouvelles)
Crime à l'université (roman)
Le Mythe de Noël (récits)
Le Pyrophone (poésie)
Sur un rayon d'amour (poésie)
Les Nuits sibériennes (poésie)
L'Arc-en-ciel (poésie)
Le Nagal (poésie)
Cantilène (poésie)
Spleen d'Amsterdam (poésie)

Éditions MLC
Le Montet – 36340 Cluis
www.emelci.com

ISBN : 978-2-37432-041-0
Dépôt légal : mars 2017

À mes amis

Cours d'architecture est une version light de *Crime à l'université,* des extraits du livre et comprend l'univers de Van Meersen-Tromp, le doyen de l'université, féru d'architecture et des canons européens. Pour qui une version light ? Pour les lecteurs exclusivement intéressés en cette partie du livre, pour les aficionados de l'architecture et des canons.
La version light 3

1.

En traversant la cour, ses colonnades et ses statues, Ron ne put se retenir d'enfourcher son dada favori : « L'architecture et ses styles nous entourent, commença-t-il. Un langage comme les autres avec sa grammaire, ses règles de syntaxe et de rhétorique, mais visuel qui nous procure de temps en temps ce sentiment de déjà vu mal défini. Nous avons, par ailleurs, quelques difficultés à évaluer la raison pour laquelle une construction fait partie des canons ou non. Les ordres, qui en sont la base et se retrouvent dans le Classicisme, se manifestent d'une manière sous-jacente. Pense un peu à ces maisons de Londres dont le style des façades a évolué au cours des années tout comme notre manière de regarder. Quant à la Tour Eiffel, une construction de fonte et d'acier, eh bien, nous l'appréhendons d'une autre manière que nos prédécesseurs dont beaucoup ne pouvaient voir en elle un paradigme des pyramides égyptiennes. Il a fallu attendre la veille de la Première Guerre mondiale avant que Chagall n'en célèbre la beauté dans ses toiles. Que la complexité du Classicisme moderne et de ses manifestations soit malaisée à démêler, réside en partie du fait de l'absence des ordres allant de pair avec le canon. Le Pont du Gard, près d'Avignon, en est un flagrant témoignage. »

Hartevelt l'écoutait bien décidé à ne pas l'interrompre tout en se doutant que Ron ne l'avait pas rejoint pour lui faire un cours d'architecture. Celui-ci poursuivait sur sa lancée : « Deux Florentins, Filippo Brunelleschi et Leon Battista Alberti sont responsables de la naissance de l'architecture classique moderne, une tentative consciente de dépasser l'architecture antique. Alberti écrivit un traité *Les dix livres de l'Architecture* pour la rédaction duquel il a utilisé le texte de Vitruve datant du Ier siècle avant J. C. exposant le système proportionnel tel que les Anciens le connaissaient, fondé sur trois ordres : le dorique, le ionique et le corinthien. Si je m'en souviens bien, il nommait aussi le style étrusque. Plus tard, les Romains y ajoutèrent le toscan. Un cinquième ordre combinant dans sa structure l'ordre ionique et le corinthien, l'ordre composite, avait été employé pour le troisième étage du Colisée et fut redécouvert au seizième siècle. Alberti ne voulait pas copier intégralement les monuments anciens, mais se servir de leur langage dans une interprétation nouvelle, ce qu'il fit à Rimini en 1446 utilisant pour Le Tempio Malatestiano les arches romaines comme façade à un bâtiment médiéval préexistant. »

La traversée de cette partie des bâtiments se prêtait à un exposé. La Oudemanhuispoort ou La porte de la maison des vieillards, était un des hauts lieux de l'université d'Amsterdam. A l'origine, c'était un asile de vieillards, d'où son nom. La construction datait du tout début du dix-septième siècle. Vers la fin du dix-huitième, elle avait acquis ses deux entrées monumentales. L'une donnait sur Oudezijds Achterburgwal, l'autre sur le Kloveniersburgwal.

Ils se dirigèrent vers l'Oudezijds. En chemin, Ron fit part de son soulagement à l'arrestation du fiancé d'Eva, comme il appelait Joost van Dame. Aussi absurde que cela puisse paraître, il avait craint que l'assassin soit un membre du personnel. Oui, une chance, vraiment, pour tout le monde que ce ne fut pas le cas.

2.

« Savez-vous que cet édifice dans lequel
nous avons le plaisir de déguster ce Krug en
votre honneur, cher Xavier, a été construit sur
l'emplacement exact de l'ancienne église do-
mestique, la chapelle, si vous préférez, des lu-
thériens. Les travaux ont été dirigés par Wes-
sel Becker et Willem van Daelen en 1632-
1633. Depuis plus de trente ans, le service se
déroulait dans un entrepôt à cet endroit, Le
Pot doré. Quel nom ! En se rendant proprié-
taire des immeubles voisins, l'Église s'est
agrandie. En 1631, la ville donna l'autorisa-
tion d'ériger une église à la place des sept
maisons. Contrairement à ce qu'il paraît, le
sol était à l'origine très inégal et en 1925, les
fondations ont été totalement rénovées. Elles
ont résisté plus de trois siècles !! Phénoménal,
non ? Ah, on savait construire en ce temps-là !
Dès qu'elle fut terminée, l'église a été utilisée.
Elle a abrité le culte jusqu'en 1961 où, à cause
de la décroissance des fidèles, l'Église l'a

louée à l'université. Nous sommes locataires, sans plus. Regardez-moi ces colonnes et les grandes orgues », poursuivait-il avançant vers la nef, sans regarder en arrière, certain qu'ils lui emboîteraient le pas. N'était-il pas le Doyen de l'université ? Cependant, Ilse qui avait déjà entendu l'histoire des dizaines de fois, leur faussa compagnie et resta sur place, les laissant s'éloigner. « Voyez-vous continuait, Ron à l'intention de Xavier, tous les lambris ont été remis en état lors de la dernière restauration. Elle a duré deux ans, de 1984 à 1986 ».

3.

Van Meersen-Tromp jubilait. Il avait à sa disposition un auditoire dans l'impossibilité de lui fausser compagnie, coincé qu'il était sur les chaises autour de la table. Il abreuvait son public de sa connaissance sur l'architecture et les architectes, un domaine dans lequel il excellait, bien que sa spécialité n'ait rien à voir avec les pierres.

« Dans leurs tentatives pour retrouver l'origine de l'architecture antique, plusieurs architectes marchèrent sur les traces d'Alberti. Sebastiano Serlio en 1537, Giacomo da Vignola en 1562 et Andrea Palladio en 1570 stipulèrent dans leurs traités que le langage classique pouvait se développer tout aussi bien pour des raisons esthétiques que pratiques. En revanche, d'autres architectes du XVIe siècle rejetèrent cet idéal d'harmonie avancé par Alberti. Le travail de Giulio Romano dans le Palazzo del Té, à Mantoue le confirme, ainsi que celui de Michel-

Ange dans la Bibliothèque Laurentienne à Florence où il prend des libertés avec les proportions et les formes classiques telles que stipulées par Vitruve et Alberti. Leur travail fut taxé de maniérisme, mais selon moi, ce fut un appel à la liberté esthétique que nous appellerions peut-être de nos jours : Liberté d'expression. Pourtant, Palladio pensait que l'élite se devait d'embellir la voie publique avec ses constructions, ce qu'il démontre dans la restauration de l'Hôtel de Ville de Vicenze qui lui apporta la célébrité et la Villa Barbaro, un savant mélange des ordres.

– Pensez-vous, mon cher, que l'élite ne se devrait pas d'embellir la voie publique avec des constructions appropriées ?

– Tout à fait, tout à fait. J'y viens, mais laissez-moi terminer. Donc, après avoir rejeté les plans de Gian Lorenzo Bernini invité en 1664, Louis XIV réunit trois hommes pour dessiner la nouvelle aile du Louvre qui, une fois terminée, deviendra le symbole de la réforme architecturale. En effet, Louis Le Vau, Charles Le Brun et Claude Perrault, appliqueront les principes du Classicisme dans toute sa pureté, sa simplicité et son universalité dans leur réalisation, mais c'est au dernier que nous devons le traité *Ordonnance des cinq espèces de colonnes selon la méthode des anciens*, une traduction améliorée du travail de Vitruve, en ce sens qu'il place les exemples des ordres d'une manière explicite qui permet de mieux juger leur rapport. Comme représentant des Lumières, Perrault voulait investir l'architecture de rigueur scientifique alors qu'Alberti, homme de la Renaissance, la parait de valeurs religieuses. Après cela, les architectes voulurent rechercher les origines naturelles de l'architecture et défaire le Classicisme des interprétations modernes. Jean-Marc Laugier présente dans son *Essai sur l'Architecture* la « hutte primitive » comme le précurseur des temples grecs. Son influence se retrouvera dans plusieurs ouvrages ultérieurs, mais probablement que ses héritiers les plus remarquables furent Étienne-Louis Boullée et Claude-Nicolas Ledoux. Nous devons au premier les plans du cénotaphe de Newton, une sphère car les effets de l'architecture y sont causés par la lumière et au second « La barrière de la Villette », un cylindre placé sur un rectangle, projets plutôt révolutionnaires à l'époque. Ledoux publia *L'Architecture Considérée sous le Rapport de l'Art, des Mœurs et de la Législation*, un essai dans lequel il démontre la relation entre les habitants et les constructions. De ses plans pour la cité imaginaire de Chaux, ressort la question qui le préoccupait tant : Qu'avait produit l'élite pour le peuple au cours des siècles passés ? voici donc votre question !

– Oui, qu'avait-elle en définitive produit ?

– Mais, regardez autour de vous ! Tous ces bâtiments sous forme de palais, d'arcs de triomphe, de théâtres… » Van Meersen-Tromp en délaissait son turbot dont la sauce matelote se figeait en une pellicule grisâtre dans son assiette. « Je vous le demande un peu ! À qui devons-nous tous ces trésors de l'architecture si ce n'est à l'élite justement ? Ce n'est pas vos révolutionnaires, sans-culotte ou soixante-huitards, qui nous ont légué des merveilles. Les premiers ont incendié et rasé des joyaux, quant aux autres, il n'y a qu'à regarder autour de nous !

– Vous occultez la Révolution d'octobre, lança une voix.

– Là, je vous arrête de suite. Le style soviétique peut être apprécié ou non, mais l'université de Moscou et les Sept sœurs de Staline ont de l'allure…

– Oui, un peu comme l'ancien Empire state building de New York.

– Pourquoi ancien ? Il n'y en a qu'un seul et, à ma connaissance, toujours debout !

– Tout à fait comme notre tour Rembrandt à Amsterdam, en plus modeste, je vous le concède.

– Oui, nous sommes bons dans les imitations.

– Messieurs, messieurs. Je récuse vos propos. Nous avons l'école d'Amsterdam, inimitable et inimitée à l'heure actuelle.

– Et pour cause !

– C'est bien là le problème !!

– Le problème date du dix-neuvième siècle. Il fallait créer une architecture ayant un sens dans cette nouvelle société qui avait perdu ses patrons traditionnels. La réponse n'était pas si simple et elle vint, non pas de France, mais des États-Unis en la personne de Thomas Jefferson, un gentleman d'une grande érudition. Grand admirateur de l'antiquité, celui-ci choisit pour ses premières commissions à Richmond de recréer la Maison Carrée de Nîmes et de reconstruire le Monticello à Charlottesville. En cela, il aidait à établir le Classicisme comme forme architecturale de la jeune République. Jefferson n'inventa pas un nouveau langage, mais certainement une nouvelle manière de dire les choses. Cette nouvelle architecture se développait aussi en Angleterre avec John Soane et en Allemagne avec Karl Friedrich Schinkel qui alla en Angleterre visiter les derniers développements dans le domaine de la technologie et du design. A son retour, il combina les principes du Classicisme et les nouveaux matériaux de la Révolution industrielle.

– Malgré tout, certains architectes condamnaient le Classicisme comme un style abstrait

et intellectualisé. Ils considéraient les bâtiments médiévaux comme la plus haute forme
d'expression architecturale. En France, Eugène
Emmanuel Violet-le-Duc, en collaboration
avec Prosper Mérimée, Inspecteur des Monuments Historiques, dois-je vous le rappeler,
proposait de refondre le style gothique dans les
nouveaux matériaux. Ses idées furent reprises
par Victor Baltard et Félix-Emmanuel Callet
qui construisirent Les Halles principalement en
acier et en verre dont la ressemblance avec les
cathédrales est peut-être cet espace intérieur
immense, tout comme le Palais de Cristal à
Londres de Joseph Paxton fermement ancré
dans la tradition pour la forme, mais où il tient
compte du matériau utilisé notamment dans les
piliers à charnière qui peuvent bouger selon
l'échauffement de l'acier.

– Si le style gothique et le Classicisme ont influencé l'architecture, le second est nettement
prédominant. Ses origines forment la base du
canon et remontent aux ordres de l'Antiquité.
Elles sont transmises dans des ouvrages spécia-

lisés que les architectes d'aujourd'hui continuent à consulter comme des dictionnaires.
Même lorsqu'ils ont voulu se distancier du
Classicisme, les architectes ne l'on fait qu'en
référence à celui-ci puisqu'ils essayaient de
s'éloigner de ses règles, en accentuant par cela
même l'existence.

– Nous savons tous très bien que toute tentative
de casser complètement avec le passé, dans le
but de créer un style totalement indépendant, a
échoué et le Classicisme a survécu comme base
primordiale de l'architecture du Monde Moderne. L'Architecture est un langage dont
l'énonciation reste toujours en rapport avec les
canons quel qu'en soit l'énoncé ».

La discussion aurait pu s'éterniser si à ce moment, Alf van Duijn n'était apparu à la porte du
restaurant avec un air de conquérant du nouveau monde. Tous les regards convergèrent
dans sa direction et les paroles s'estompèrent.

Sur les canons de la culture occidentale

L'Architecture, langage visuel de nos cités

Les différents styles de l'architecture nous entourent. C'est un langage comme les autres avec sa grammaire, ses règles de syntaxe et de rhétorique. L'architecture nous donne parfois ce sentiment de déjà vu mal défini et nous avons quelques difficultés à évaluer la raison pour laquelle une construction fait partie des canons ou non. En effet, très souvent les ordres, qui en sont la base, et se retrouvent dans le Classicisme, se manifestent d'une manière sous-jacente. Par exemple, dans ces maisons de Londres dont le style des façades a évolué au cours des années tout comme notre manière de regarder. Quant à la *Tour Eiffel* (1889), une construction de fonte et d'acier, nous l'appréhendons d'une autre manière quenos prédécesseurs dont beaucoup ne pouvaient voir en elle un paradigme des pyramides égyptiennes. Il faudra attendre la veille de la Première guerre mondiale avant que Chagall, entre autres, n'en célèbre la beauté dans ses toiles. Que la com-

plexité du Classicisme moderne et de ses manifestations soit malaisée à démêler, réside en
partie du fait de l'absence des ordres allant de
pair avec le canon. Que l'on pense au *Pont du
Gard,* près d'Avignon.

      C'est à deux Florentins, Filippo Brunel-
leschi (1377-1446) et Leon Battista Alberti
(1404-1472), que nous devons la naissance de
l'architecture classique moderne, une tentative
consciente de dépasser l'architecture antique.
Alberti écrivit un traité *Les dix livres de l'Architecture* pour la rédaction duquel il utilisa le
texte de Vitruve (Marcus Vitruvius Pollio) datant du Ier siècle avant J. C. exposant le système
proportionnel tel que les Anciens le connaissaient fondé sur trois ordres : le Dorique, le Ionique et le Corinthien. Il nommait aussi le style
étrusque. Plus tard, les Romains y ajoutèrent le
Toscan. Un cinquième ordre combinant dans
sa structure l'ordre Ionique et le Corinthien,
l'ordre composé, fut employé pour le troisième
étage du Colisée et redécouvert au XVIe siècle.
Alberti ne voulait pas copier intégralement les

monuments anciens, mais se servir de leur langage dans une interprétation nouvelle, ce qu'il fit à Rimini en 1446 utilisant pour *Le Tempio Malatestiano* les arches romaines comme façade à un bâtiment médiéval préexistant.

Dans leurs tentatives pour retrouver l'origine de l'architecture antique, plusieurs architectes marchèrent sur les traces d'Alberti. Sebatiano Serlio en 1537, Giacomo da Vignola en 1562 et Andrea Palladio en 1570 stipulèrent dans leurs traités que le langage classique pouvait se développer tout aussi bien pour des raisons esthétiques que pratiques. Par contre, d'autres architectes du XVIe siècle rejetèrent cet idéal d'harmonie avancé par Alberti. Le travail de Giulo Romano dan le *Palazzo del Té*, à Mantua en témoigne ainsi que celui de Michel Angelo Buonarroti dans la *Bibliothèque Laurentienne*, à Florence où il prend des libertés avec les proportions et les formes classiques telles que stipulées par Vitruve et Alberti. Leur travail fut taxé de maniérisme, « un appel à la liberté esthétique » que nous appellerions peut-être de nos jours : « Liberté d'expression ».

Pourtant, Palladio pensait que l'élite se devait d'embellir la voie publique avec ses constructions, ce qu'il démontre dans la restauration de l'Hôtel de Ville de Vincenze qui lui apporta la célébrité et la Villa Barbaro, un savant mélange des ordres.

Après avoir rejeté les plans de Gian Lorenzo Bernini (1598-1680) invité en 1664, Louis XIV réunit trois hommes pour dessiner la nouvelle aile du Louvre qui une fois terminée, deviendra le symbole de la réforme architecturale. En effet, Louis Le Vau (1612-70), Charles Le Brun (1619-90) et Claude Perrault (1613-88), appliqueront les principes du Classicisme dans toute sa pureté, sa simplicité et son universalité dans leur réalisation mais c'est au dernier que nous devons le traité *Ordonnance des cinq espèces de colonnes selon la méthode des anciens* (1683), une traduction améliorée (dans ce sens qu'il place les exemples des ordres d'une manière explicite qui permet de mieux juger leur rapport) du travail de Vitruve. Comme représentant des Lumières, Perrault voulait investir l'architecture de rigueur scientifique alors qu'Alberti, homme de la Renaissance, la parait de valeurs religieuses. Après cela, les architectes voulurent rechercher les origines naturelles de l'architecture et défaire le Classicisme des interprétations modernes. Jean-Marc Laugier qui présente dans son *Essai sur l'Architecture* (1753) la « hutte primitive » comme le précurseur des temples grecs. Son influence se retrouvera dans plusieurs ouvrages ultérieurs mais probablement que ses héritiers les plus remarquables furent Étienne Louis Boullée (1728-1799) et Claude-Nicolas Ledoux (1736-1806). Nous devons au premier les plans du cénotaphe de Newton (1784), une sphère car *les effets de l'architecture sont causés par la lumière* et au second *La barrière de la Villette* (1784-1787) un cylindre placé sur un rectangle, projets plutôt révolutionnaires à l'époque. Ledoux publia *L'Architecture Considérée sous le Rapport de l'Art, des Mœurs et de la Législation* (1804), essai dans lequel il démontre la relation entre les habitants et les constructions. De ses plans pour la cité imaginaire de Chaux ressort la question qui le préoccupait tant : Qu'avait produit l'élite pour le peuple au cours des siècles passés ?

Le problème qui tourmenterait le XIXe siècle était posé : Créer une architecture ayant un sens dans cette nouvelle société qui avait perdu ses patrons traditionnels. La réponse n'était pas si simple et elle vint, non pas de France, mais des États-Unis en la personne de Thomas Jefferson (1743-1826), un gentleman d'une grande érudition. Grand admirateur de l'antiquité, celui-ci choisit pour ses premières commissions à Richmond de recréer la *Maison Carrée* de Nîmes et de reconstruire le Monticello à Charlottesville En cela, il aidait à établir le Classicisme comme forme architecturale de la jeune République. Jefferson n'inventa pas un nouveau langage mais certainement une nouvelle manière de dire les choses. Cette nouvelle architecture se développait aussi en Angleterre avec John Soane (1753-1837) et en Allemagne avec Karl Friedrich Schinkel (1781-1841) qui alla en Angleterre visiter les derniers développements dans le domaine de la technologie et du design. A son retour, il combina les principes du Classicisme et les nouveaux matériaux de la Révolution industrielle.

Malgré tout, certains architectes condamnaient le Classicisme comme un style abstrait et intellectualisé. Ils considéraient les bâtiments médiévaux comme la plus haute forme d'expression architecturale. En France, Emmanuel Violette-le-Duc (1814-1879), en collaboration avec Prosper Mérimée, Inspecteur des Monuments Historiques, proposait de refondre le style gothique dans les nouveaux matériaux. Ses idées furent reprises par Victor Baltard (1805-1874) et Félix-Emmanuel Callet (1792-1854) qui construisirent *Les Halles* principalement en acier et en verre dont la ressemblance avec les cathédrales est peut-être cet espace intérieur immense tout comme le *Palais de Cristal* à Londres de Joseph Paxton (1801-1851) fermement ancré dans la tradition pour la forme, mais où il tient compte du matériau utilisé notamment dans les piliers à charnière qui peuvent bouger selon l'échauffement de l'acier.

Si le style gothique et le Classicisme ont influencé l'architecture, le second est nettement prédominant. Ses origines forment la base du canon et remontent aux ordres de l'Antiquité. Elles sont transmises dans des ouvrages spécialisés que les architectes d'aujourd'hui continuent à consulter comme des dictionnaires. Même lorsqu'ils ont voulu se distancier du Classicisme, les architectes ne l'on fait qu'en référence à celui-ci puisqu'ils essayaient de s'éloigner de ses règles en accentuant par cela même l'existence. Toute tentative de casser complètement avec le passé, dans le but de créer un style totalement indépendant, a échoué et le Classicisme a survécu comme base primordiale de l'architecture du Monde Moderne. L'Architecture est un langage dont l'énonciation reste toujours en rapport avec les canons quel qu'en soit l'énoncé.

La peinture

Pour nous qui vivons au XXIe siècle, les tableaux de Poussin, Picasso et Manet ont un point commun : ils font partie du passé et de notre héritage culturel. Les frises du Parthénon sont le fruit de l'antiquité. Nous les voyons comme les témoins d'une époque révolue. Toutefois, leurs formes, leurs volumes ont influencé notre manière de voir.

Nous pouvons presque considérer Poussin (1594-1665) comme un peintre de cour. En effet, Louis XIII et Richelieu lui demandèrent de superviser les travaux du Louvre, et il fut nommé peintre du roi et directeur général des embellissements après avoir été un favori des cours et des nobles d'Italie où il séjournait auparavant. Ses commanditaires faisaient partie de l'élite de son époque. Beaucoup d'entre eux étaient des hommes d'une grande érudition et ils ont écrit des exposés sur son œuvre ce qui lui assura la célébrité. Son travail était admiré pour être tout à la fois un retour au passé et une création originale. Pour apprécier son œuvre au même titre que ses contemporains, nous manquons probablement de la connaissance qu'ils possédaient sur les arts et la littérature ancienne.

Une même connaissance nous fait certainement défaut lorsque nous approchons les frises du Parthénon. Phidias y a inclus des scènes de la mythologie grecque qui sont éloignées de notre vie quotidienne, alors qu'elles en étaient l'essence même pour les Grecs de son temps. Néanmoins, lorsque Lord Elgin les transporta en Angleterre en 1807, le public et le monde scientifique furent hautement impressionnés. Les frises furent immédiatement acceptées comme faisant partie du canon et la clé nécessaire pour expliquer l'histoire de l'art européen. De leurs formes, leurs volumes, leurs proportions émanaient la beauté dans toute sa pureté pour l'amateur d'art.

Manet aurait eu l'idée de son tableau *Le Déjeuner sur l'herbe* (1803) alors qu'il observait des baigneurs à Argenteuil. Ce tableau montre une ressemblance frappante avec une gravure de Raphaël *Le Jugement de Paris*. A

l'heure actuelle, nous ne voyons rien de cho-
quant dans cette toile mais elle fut un objet de
scandale à sa première exposition au Salon des
Refusés. Les contemporains de Manet connaissaient et reconnaissaient les modèles : le beau-
frère de Manet, Ferdinand Leenhoff, le jeune
frère de Manet, Eugène et Victorine Meurent,
une prostituée célèbre. Surtout cette dernière
était l'objet du scandale public. L'hostilité du
public fit de Manet un héros aux yeux des
jeunes peintres toujours prêts à soutenir des
idées leur paraissant révolutionnaires. Ils re-
vendiquèrent son esprit en s'opposant à leur
tour à l'esthétisme officiel. Avec ironie, la cri-
tique baptisa le groupe les « Impression-
nistes ». Ainsi fut créé un nouveau courant faisant aujourd'hui partie du canon officiel.

Une tout autre histoire incombe au tableau *Les Demoiselles d'Avignon*. Picasso le
peignit en 1907 mais ne l'exposa en public que
sept années plus tard. Entre temps, il l'avait
montré à un grand nombre de collègues et à des
marchands de tableaux. Tous étaient choqués

par son aspect non classique. Cependant, l'influence de ce tableau se répandit comme un raz de marée, faisant exploser les limites de la peinture. Il défiait les lois académiques en vigueur jusque-là, mélangeait les perspectives et cumulait les styles divers.

De nos jours, nous pouvons admirer ces œuvres en sachant qu'elles font partie des canons de la culture européenne. Elles ont toutes les quatre leur place bien précise dans les manuels d'histoire de l'art. Les frises du Parthénon représentaient au XIXe siècle, le summum de la beauté. Elles ont été l'un des modèles de développement de Picasso, de Manet. Toutefois, notre manière de regarder et de voir a été transformée par les peintres qui se sont écarté des canons. Un glissement notoire s'est produit sur ce que nous considérons être un canon. Par exemple, *Les Demoiselles d'Avignon* qui au début paraissaient inacceptable, n'a pas seulement été accepté dans les listes de canon, mais a déplacé l'idée même du canon.

Nous avons aussi appris que dans d'autres cultures, les œuvres inséparables de

notre héritage culturel ont peu ou pas de signification. Cela nous a amenés à voir la relativité
de la notion de canon.

Le canon éclaté

Pendant l'entre-deux guerre, les artistes étaient à la recherche de nouveaux moyens d'expression. Cette quête donna naissance à plusieurs mouvements dont le Dadaïsme et le Surréalisme. Leurs représentants étaient appelés l'Avant-garde.

Apollinaire, en 1917, lors d'une conférence restée célèbre, décrivit ce qu'il nommait « L'Esprit nouveau ». Ce terme servit à désigner la poésie de sa génération. En France, ces nouveaux poètes, Apollinaire, Max Jacob, Blaise Cendrars, trouvèrent leur inspiration dans le cadre des villes et se réunissaient à Montmartre dans les ateliers de Van Dongen et de Picasso. L'atelier de ce dernier devint le rendez-vous des peintres et des poètes, car ceux-ci voulaient, avec des mots, faire ce que les cubistes pratiquaient avec les formes et les couleurs. En effet, les cubistes, dans certaines de leurs œuvres, proposent simultanément les diverses perspectives d'un même sujet. Apollinaire introduira le terme de « simultanéité » pour décrire ce phénomène en poésie.

Le phénomène de la simultanéité rompait avec la signification de la logique de temps, d'espace et d'événement traditionnellement appelé « l'unité d'action ». La simultanéité événementielle, exprimée par les peintres dans des collages, a mis l'ancien canon sens dessus dessous. Dans ce dernier, la perspective était symbolisée du point de vue du spectateur. Le thème restait une histoire avec un début et une fin et des codes compris par tous, par exemple Éros pour l'amour, Vénus pour la beauté etc.

Depuis le XIXe siècle, un groupe montrait beaucoup d'enthousiasme pour l'avenir des machines. Fernand Léger, était de ceux-là. Alors qu'après la première guerre mondiale, les critiques s'élevaient à cause des effets désastreux et destructifs des machines, tels les mitrailleuses, les bombardiers et les tanks, Léger continuait d'idéaliser les machines pour leurs formes standardisées et objectives. Il fondait son esthétique sur ce qu'il nommait « l'objet moderne ». Dégagé de toute atmosphère, dans des rapports nouveaux, il le présente sur ses toiles comme dans des vitrines d'étalage car comme il l'écrivit, « Nous vivons *l'avènement* de l'objet qui s'impose dans ces *boutiques qui ornent les rues*. » Il a isolé les éléments dans une recherche pour une nouvelle manière de voir. Ses personnages, quelquefois présentés avec une révérence vers le classicisme, étaient peints en forme de tuyau de poêle qui rappellent étrangement des machines. Pour lui, les machines sont une sorte de réponse : un anti canon. L'individualisme disparaît pour faire place à une uniformité. La réalité des objets et des personnages apparaît sans aucun lien. Ce sont des fragments isolés. De fait, Léger considérait les objets et les décors du quotidien tout aussi intéressants que les nus ou les paysages traditionnellement représentés.

Dans son film, *Le Ballet mécanique*, qu'il réalisa en 1923-1924, Léger applique sa propre conception de la simultanéité et de l'objectivité. « Les peintres avaient détruit le sujet », dans les films, les artistes réalisateurs allaient détruire le scénario descriptif. Pour ce faire, il joua avec les rythmes, il contraste des fragments lents et rapides et il utilise le *gros plan* qu'il considérait la seule invention cinématographique. Dans *Le Ballet mécanique,* il a aussi personnalisé des fragments d'objets en les isolant. On peut voir une bouche utilisée comme un objet à part entière, devenir presque un personnage en elle-même. Il en va de même pour un œil qui se ferme et s'ouvre à un certain rythme qui se répète pour s'accélérer quelquefois. Il faudrait voir le film un grand nombre de fois pour se souvenir des séquences et de leur ordre d'apparition tant le montage paraît absurde et les sujets sautant du coq à l'âne. Léger donnerait en exemple le « troupeau de moutons en marche [qui] tourné et pris d'en dessus, projeté en plein écran, […] est comme une mer inconnue qui bouleverse le spectateur ». Un autre exemple qu'il expliquerait est celui de « La Femme qui monte l'escalier ». En répétant cette scène en boucle, Léger voulait « *étonner* le public, puis lentement l'inquiéter et puis pousser l'aventure jusqu'à l'exaspération ». Pour le « réglage », il s'entourait d'un groupe d'ouvriers et de gens du quartier qui faisaient office de spectateurs cobayes.

En l'an 2001, le film de Léger ressemble pour nous, habitués d'une culture du *zapping*, à des vidéo-clips en noir et blanc, avec ses fragments reflétés dans des kaléidoscopes, mais à l'époque c'était révolutionnaire. Cependant, nous voyons dans la séquence de *La Femme qui monte l'escalier* une représentation du mythe de Sisyphe. Sisyphe, inlassablement monte la pente avec son fardeau et une fois en haut roule à nouveau en bas et le travail est à recommencer. Bien sûr, ce n'est qu'une interprétation personnelle – bien qu'il soit impossible que d'autres personnes n'aient eu la même impression –, mais cela montre peut-être que ces scènes qui au temps de leur création devaient paraître absurdes, irréelles et surréelles aux spectateurs, nous sont devenues familières dans leur conception. Les œuvres des peintres comme Picasso, Max Ernst, des poètes et des cinéastes comme Léger avec *Le Ballet mécanique* ou Buñuel avec *Le Chien andalou* ont fait éclater le canon de leur époque.

A l'origine, *Le Ballet mécanique* devait être projeté accompagné de la musique d'Antheil. Apparemment, le compositeur et les autres artistes participant au projet avaient quelques problèmes de communication car une fois achevée, la musique durait deux fois plus longtemps que le film. Qu'à cela ne tienne, la première eut lieu en 1924, à Vienne, sans la partition d'Antheil qui était très élaborée techniquement ce qui la rendait pratiquement injouable. Ce n'est que le 5 mai 2001 que le film avec – enfin – la musique d'Antheil vit le jour à l'Université Brandeis à Wlatham, dans le Massachussetts grâce aux nouvelles techniques audio électro acoustiques.

Léger a réalisé *Le Ballet mécanique* suivant ses principes et ses théories de la peinture. Ses personnages dans ses toiles et ses objets dans son film sont, pour ainsi dire, mécanisés. Pour lui, malgré les horreurs de la première guerre mondiale, les machines signifiaient le progrès et la science. Il voulait en décrire la beauté à l'aide des matériaux qu'il employait : le cinéma et la peinture. Par ailleurs, *Le Ballet mécanique* est le seul film qu'il a réalisé et rien que le titre en est très explicite. Avec *Le Ballet mécanique,* l'art et le film sont devenus auto référentiels. Malgré tout, le film de Buñuel, *Le Chien andalou,* était considéré comme étant anti avant-garde car on n'y retrouve pas d'autoréférence, pas plus que de nouvelles expérimentations, mais plutôt une ligne narrative. De nos jours, ces deux films sont considérés comme faisant partie de l'avant-garde pour des raisons différentes.

Vincent Van Gogh

Il y a deux sortes d'artistes. La première continue bravement ce que ses excellents prédécesseurs ont créé. Ils forment une école, ils essaient de faire de l'art et fabriquent des toiles, des statues ou tout autre œuvre selon leur domaine artistique. Le deuxième groupe utilise, bien sûr, les moyens techniques de ses prédécesseurs, mais les renouvelle, essaie de fixer ce qui n'a pas encore été exprimé. Cela grandit, ils sont l'avant-garde. Ils ne parlent pas de l'art, ils apportent un message. Leurs créations donnent naissance à un nouveau regard.

Les premiers calment, subliment, perfectionnent. Le public les apprécie d'emblée, leur est reconnaissant et les oublie. Les autres nous choquent, nous touchent, nous impressionnent, nous enflamment ou tout simplement nous rebutent. Ceux-là, ce ne sont que les générations suivantes qui parlent de leur travail en terme de « beauté » et d' « enchantement » ; après leur mort, cela va de soi. Ils s'appellent alors « les grands artistes ».

Sans aucun doute, Van Gogh fait partie

du deuxième groupe. Personne de nos jours ne voudrait lui disputer le titre de « grand artiste ». Il a peint, *fait son sacerdoce dans la peinture,* dans la plus grande humilité. En effet, n'a-t-il pas écrit lui-même : « Je *voudrais*, tu vois, je suis loin de dire que je puisse faire tout cela, mais enfin j'y tends, je *voudrais* faire des portraits qui un siècle plus tard aux gens d'alors apparussent comme des apparitions. Donc je ne cherche pas à faire cela par la ressemblance photographique mais par nos expressions passionnées, employant comme moyen d'expression et d'exaltation du caractère notre science et goût modernes de la couleur. » Comme nous pouvons le voir dans cet extrait, Van Gogh décrit la nécessité d'expérimenter et il explique, que bien souvent les tableaux ne sont apprécier à leur juste valeur que par les générations à venir. Une autre lettre à Will est encore plus explicite : « Mais j'aurais bien voulu que tu eusses encore vu les vergers d'oliviers que j'ai rapporté à présent, à ciel jaunes, roses, bleus assez différents. Je crois que c'est là des toiles qui n'ont encore guère été peintes comme cela.

Les autres jusqu'à présent les peignaient toujours en gris. »

Qui n'ont encore guère été peintes comme cela. Van Gogh ne se trompait pas. Peu s'étaient aventuré sur la route qu'il parcourrait. Dans l'art, la manière de peindre est primordiale et non pas le sujet. Ces lettres, si importantes pour comprendre la quête de Van Gogh, nous pouvons, à l'heure actuelle, les lire et regarder les toiles auxquelles elles réfèrent dans le même bâtiment où sont exposées les toiles de nos contemporains. De cette manière, nous pouvons avec un regard d'aujourd'hui, rempli des œuvres actuelles, apprécier et juger les travaux d'hier d'un niveau international.

Nous considérons Van Gogh comme l'instigateur du modernisme. Sa place se trouve tout naturellement dans les musées au même titre que ses contemporains, Cézanne, Monet, Gauguin et nos contemporains Mondrian, Théo van Doesburg, Picasso et bien d'autres encore. Le public doit pouvoir prendre conscience de son influence et de son importance sur la génération contemporaine.

Le musée doit avoir une tâche informatrice et posséder une documentation que le public soit à même de consulter à loisir. Enfin, en un mot, le Musée d'Art contemporain regarde avec les yeux du présent. Il prend son point de départ dans le présent, et ensuite, pas à pas, remonte vers le passé. Voilà le sens de la marche. Non partir du passé pour décider le présent. Notre conception et notre appréhension des développements dans l'art contemporain déterminent notre appréciation et notre évaluation de l'art du passé. D'autre part, le musée se doit au public, à personne d'autre. Sa fonction n'est pas de servir le prestige de quiconque, ni de plaire nécessairement à ses employés.

Au sujet de ce terme d'« Avant-garde », si souvent galvaudé, nous aimerions encore stipuler que nous devons rester conscients que les grands artistes que nous admirons aujourd'hui, peu importe leur école ou leur style, ceux dont nous nous rappelons et considérons comme faisant partie du canon, ont été, eux aussi, les Avant-gardistes de leur époque. Pensons à Géricault et son *Radeau de la Méduse* ou à Delacroix exposant au salon des Refusés. Et plus près de nous qui critiquerait la découverte de Delaunay. Les Avant-gardistes d'aujourd'hui sont les Anciens de demain ! Van Gogh, père du modernisme, fut lui aussi le « fils » d'autres plus anciens. Vincent van Gogh, inconnu à sa mort, est devenu l'un des plus grands artistes du canon.

Le canon dynamique

Lorsque nous référons au canon de la musique, nous pensons au répertoire établi, le répertoire classique. Mais, le classique de la musique ne remonte pas à l'antiquité car nous savons très peu de cette période musicale, disons presque rien. Le répertoire classique comprend la fin du XVIIIe et le début du XIXe siècle.

Pendant des siècles, la musique fut transmise oralement par démonstration. Certaines musiques sont encore de nos jours jouées selon une tradition orale, par exemple chez les « traveling people » d'Écosse. Par tradition la musique liturgique ou celle des synagogues, était aussi passée de génération en génération oralement. Il en était de même pour les chants grégoriens, ambroisiens et mozarabes. La notation musicale n'existait pas et les partitions s'apprenaient par l'écoute, ce qui engendrait des variations régionales. Les Carolingiens voulurent avoir la même musique dans toute l'Europe pour créer une unité liturgique. Les canons musicaux fonctionnèrent alors comme moyen politique. A cette époque, le répertoire fut noté sur papier. Au début, d'une manière assez simple selon nos normes actuelles et, au fur et à mesure que les siècles passaient, d'une manière de plus en plus complexe. Les premières notations, vers l'an 900, comprenaient de nombreuses variations, puis, aux environs de l'an 1000, la notation telle que nous la connaissons fit son apparition. Toutefois, le canon n'était pas encore très stable car toutes les nuances étaient encore impossibles à noter.

Avec Guillaume de Machaut (1300-1370), les grands changements arrivèrent sur la scène musicale. Il fut le premier compositeur à noter sa musique d'une manière très précise. Avec Machaut, la musique commence à se fixer et le nombre de partitions augmente. Bien entendu, les autres manières de composer restaient utilisées par d'autres compositeurs. Jusqu'au XIXe siècle, l'élément d'improvisation reste important. Les partitions étaient souvent employées comme point de départ, une sorte de canevas sur lequel on brodait suivant son inspiration du moment et son talent.

Lorsque Bach (1685-1750) fait son entrée sur la scène musicale, la plupart de la musique est notée. Par ailleurs, selon lui, la maîtrise était de première importance, tout comme pour les autres grands maîtres de son époque. Handel, Teleman, Bach ont réalisés plus de mille œuvres chacun. Ils étaient très productifs. Bach a beaucoup recopié les travaux de ses prédécesseurs. Par exemple, il composait des nouveaux arrangements aux morceaux de Vivaldi. De cela, il ressort qu'à l'époque de Bach, le canon était utilisé comme point de départ pour de nouvelles créations. Une composition n'était pas une fin en soi, mais un commencement. Personne ne criait au plagiat car s'agissait d'un hommage rendu à un artiste plus ancien.

Mais les temps changent ! Beethoven (1770-1827) découvrit la musique de Bach qui en son temps était très appréciée du public en tant que musicien et chef d'orchestre, mais pas comme compositeur. Par contre, ses collègues appréciaient sa maîtrise. Nous voyons ainsi la présence d'un canon de pairs et un autre des auditeurs et que les deux ne correspondent pas nécessairement. Grâce à Mendelssohn, en 1820, une recrudescence pour la musique de Bach prend place. Depuis lors, celui-ci est considéré comme une sérieuse référence de connaissance musicale.

En même temps, la condition des compositeurs évolue et par là, celle de la musique vers une nouvelle situation socio économique. Le compositeur devient un artiste individuel qui n'est plus au service d'un patron. De ce fait, il doit se mettre au goût d'un public toujours grandissant : la bourgeoisie montante. Donc deux possibilités lui sont offertes pour s'approprier une part du marché : a) la spécificité du produit, b) son accessibilité massale. Cela conduit respectivement à l'élitisme et au populisme.

De là, et surtout, à cause de la conviction en la spécificité du produit offert, naquirent quatre nouvelles esthétiques : l'esthétique du génie, celle de l'œuvre, celle de la musique absolue et celle de la musique comme langage de l'âme.

XVIIIe siècle, les compositeurs étaient des spécialistes ; au milieu du XIXe siècle, ils se doivent d'avoir en plus un message à transmettre et d'être génial. La rançon de leur indépendance se paie par l'originalité. En outre, leurs œuvres doivent servir de modèle, bien qu'elles ne soient pas nées de l'imitation. Le Grand Compositeur a quelque chose à dire qui lui a été soufflé par le truchement de l'inspiration venue des régions sacrées. Il s'agit de l'esthétique du génie.

Si auparavant, une composition était principalement un exemplaire du genre dont elle faisait partie, au XIXe siècle, elle devient un morceau autonome qui peut être exécuté plusieurs fois. Elle ne disparaît plus dans sa fonction d'usage comme la cantate du dimanche ou les codes d'anniversaire. Mais, il y a plus, au sujet de l'esthétique de l'œuvre. Celle-ci doit surtout paraître naturelle ce qui fait effacer à Wagner les traces de son travail et même dissimuler l'appareil de production. L'orchestre disparaît sous la scène.

Travail, œuvre sont des notions qui régissent notre pensée, même lorsque nous sommes confrontés à des musiques d'une autre période que la nôtre ou d'une autre culture. Il en va ainsi du chant grégorien ou de la musique africaine que nous traitons comme des ouvrages et sortons de leur contexte social pour les produire sur un podium.

La musique réfère alors plus qu'à elle-même. Elle est indépendante des autres contextes, elle devient musique absolue (absolar = détacher). La musique devient l'art d'excellence. Tous les arts luttent pour devenir musique. Proust, par exemple, utilise des leitmotivs dans sa littérature.

Et enfin, la musique comme langage de l'âme a été mise à l'honneur par Schoenberg, mais était avant cela déjà utilisée de cette manière. Le travail d'un compositeur est unique. La musique devient un idéal et dépasse tout. Elle est le langage de l'indicible et donne en tant que tel connaissance et pouvoir de l'inconnu au compositeur.

Ces changements d'esthétique sont à

l'origine de la formation du répertoire comme il est encore interprété dans les salles de concert. Les œuvres de Bach, Bruckner, Mahler, Bizet, Verdi, Mozart et bien d'autres, sont celles de compositeurs géniaux qui forment le canon. Un canon qui reste très dynamique et caution à changements. Mais, la symphonie ne se discute jamais. Il n'y a pas à y revenir : elle incarne le répertoire. Depuis la troisième et la cinquième de Beethoven, elle a prit des allures grandioses. Pour le nouveau public des concerts du XIXe, elle avait pris les dimensions d'un mythe. Il en est toujours ainsi.

Remerciements

Je voudrais vous remercier d'avoir acheté et lu « Cours d'architecture ». J'espère que vous avez trouvé du plaisir à cette version light de « Crime à l'université » (dont vous pouvez trouver à version intégrale sur Amazon).

Je vous serais extrêmement reconnaissante si vous pouviez mettre un commentaire sur la plateforme où vous l'avez téléchargé, cela m'aiderait beaucoup pour savoir comment améliorer mes écrits dans le futur.

Par ailleurs, si vous désirez être tenu au courant de mes prochaines publications, et la date de parution de mon prochain livre, veuillez m'envoyer un mail en mentionnant dans l'objet « parutions livres » mail à cette adresse :

Clementml@me.com

N'ayez crainte, je suis très respectueuse de la vie privée de chacun et votre adresse mail sera en sécurité. Il va sans dire que je ne la transmettrai à personne. N'ayez non plus pas peur d'être inondée de mails de ma part, je ne sors pas un livre toutes les semaines !

D'autre part, si vous êtes intéressée à connaître mes autres sujets de prédilection, vous pouvez vous rendre sur ma page auteur Amazon: http://amzn.to/1p1wpqO

Vous pouvez aussi me suivre sur

mon blog: www.aventurelitteraire.com

ma page FaceBook:

https://www.facebook.com/muriellelucie-clementpage/

mon site perso:

www.muriellelucieclement.com

BONUS

Extrait de *Crime à Paris*

9. Pascal dans le métro

Pascal descendit en chantonnant les escaliers du métro, avec son sac sur l'épaule. D'avoir entendu toutes ces personnes parler de pays étrangers et de voyages à la fête, lui avait donné l'idée. Il s'était décidé pour un week-end de vagabondage. L'envie de faire quelque chose sortant de l'ordinaire l'avait pris tout à coup. Il partait trois jours à Amsterdam, sans autre raison que son plaisir personnel. Il se sentait en pleine forme, il était à l'heure. Sûr qu'il allait réussir à bien se défouler. La préposée aux billets lui avait assuré ce matin qu'il n'y aurait aucun problème. Comme les horaires des trains étaient plutôt incertains en raison des grèves de ces derniers temps, Pascal avait opté pour le bus. Être chez lui à s'ennuyer ou là, mieux valait ce trajet un peu plus long. De cette manière, il arriverait au moins quelque part.

Les couloirs étaient pratiquement déserts. Pascal aimait à se voir dans le ventre de la capitale, petite boulette de chair dans les

boyaux de Paris. L'asphalte noir des tunnels re-
luisait. Il s'interrogeait, se demandant s'il
s'agissait de la couleur initiale, ou bien de la
crasse accumulée pendant plusieurs décennies
de semelles battant et frottant le bitume souter-
rain.

Aujourd'hui, personne ne savait qu'il
prenait un bus pour la métropole des tulipes.
Cela l'enchantait, donnait du mystérieux à sa
vie. À la boîte, ils allaient tous à la campagne,
en famille, dans leur pavillon, ou bien dans leur
troisième deuxième résidence. Lui aussi aurait
pu rejoindre ses parents à Antibes, mais il avait
prétexté un travail urgent à terminer.

_ Je ne peux pas quitter Paris, Maman. J'ai
une proposition à remettre mardi.

_ Mais enfin Pascal ! C'est la Pentecôte.

_ Eh oui. Je sais, je sais petite Maman ché-
rie.

_ Tu as mangé au moins ?

_ Mais oui, Maman. Ne t'inquiète surtout
pas. Je vais très bien.

_ Je te téléphonerai demain.

_ Surtout pas. Je branche le répondeur pour ne pas être dérangé. C'est moi qui t'appellerai.

_ Alors, je te laisse.

_ Oui, c'est ça.

_ Au revoir.

_ Au revoir Maman. Embrasse Papa pour moi.

_ Je n'y manquerai pas. »

Il avait raccroché soulagé, libéré, trépidant de joie à l'idée d'avoir doublé sa mère. Pour fêter l'événement, il était descendu au bistrot du coin boire un diabolo menthe. Une folie qu'il se payait chaque fois qu'il réussissait à la mettre dans sa poche. Pourquoi cette boisson ? Nul n'aurait pu le dire, mais les bulles et la fraîcheur le remplissaient d'une joie sereine qu'aucun alcool n'aurait été à même de lui procurer. Pascal, dans le fond, était plutôt un fils attentif, mais quelquefois il se devait de s'évader. Il avait bien essayé d'expliquer cela à ses parents, mais sa mère refusait absolument de comprendre que, de temps en temps, il éprouvait ce besoin impératif d'être autre part qu'avec elle pour ses congés. Il voulait une vie à lui, avec des secrets, des anecdotes, des histoires qui ne soient qu'à lui. Il ne buvait que rarement à outrance et il ne fumait jamais de tabac. Il trouvait ses plaisirs sexuels, seul en face d'un magazine de lingerie féminine lorsqu'il n'avait pas de petite amie. Pour le moment, il était dans l'une de ces périodes où il pouvait tout se permettre. Il était en plein célibat. En fait, la raison majeure pour laquelle il avait voulu éviter Antibes était que sa mère se plaindrait encore qu'il ne lui amenât pas de bru en instance. Pas de sa faute si avec les filles cela ne marchait pas bien. Il avait été trop cajolé, il attendait de ses compagnes plus que celles-ci ne pouvaient lui offrir. Il avait le temps. Il verrait bien venir.

11. Guillaume parle aux policiers

Le policier revenait vers lui et Guillaume le regarda avec intérêt. L'homme était grand, au moins un mètre quatre-vingt, avec des cheveux ambrés, coupés courts.

— Bonjour. Nous allons peut-être vous demander de venir avec nous au bureau. » Guillaume acquiesça. Il pouvait difficilement refuser.

— Je suis l'inspecteur Lemoine. Mathieu Lemoine et voici mon collègue, l'inspecteur Chaboisseau. Alain Chaboisseau.

— Enchanté, marmonna machinalement Guillaume.

— Veuillez accepter nos excuses de vous avoir fait attendre. Pouvez-vous nous dire exactement comment vous avez découvert le corps. » Guillaume répéta comment il avait emprunté la rue et contourné la petite place et comment au moment de bifurquer dans la rue de Furstenberg, il avait vu une femme allongée par terre devant chez Osborne et Little. Près d'elle, il s'était penché et avait aperçu ce qu'il pensait être l'impact d'une balle. Il avait alors appelé les secours.

– Et d'où veniez-vous à cette heure ?

– Du métro Saint-Germain-des-Prés, descendu de la première rame. Je revenais de chez ma copine.

– Vous avez passé la nuit là-bas ?

– Oui.

– Vous avez son adresse s'il vous plaît ?

– Place Denfert-Rochereau, n° 146.

– Parfait. Attendez une petite minute. » Les inspecteurs Lemoine et Chaboisseau s'éloignèrent de la voiture.

– Je crois qu'il est OK.

– Oui, répondit Chaboisseau, on peut le libérer. Je le vois mal avec un révolver. En outre, la victime a été tuée autre part selon les premières constatations du légiste.

– On enverra Ghislaine et Manuel chez la petite copine pour vérifier. On le relâche après ou tout de suite ?

– Oh, laissons-le partir. On a son adresse et on lui demande de venir pour sa déclaration.

– Bon d'accord. » Ils se tournèrent à nouveau à Guillaume.

– Monsieur, vous pouvez y aller. Excusez-nous pour le désagrément. Voici ma carte. Si vous voulez bien passer au bureau pour votre déposition. » Guillaume prit le bristol que lui tendait Mathieu Lemoine.

– Merci. Je pourrais le faire cet après-midi, si cela ne vous dérange pas. Je n'ai pas de plan. Mais, demain, j'ai des trucs à faire.

– Pas de souci. Aujourd'hui, c'est d'accord. »

Extrait

de

Lettres de Sibérie

10 Juin Novokouznetsk

Après un voyage de trois jours, j'arrive à la gare de Novokouznetsk, en plein cœur de la Sibérie russe. Trois nuits à dormir sur la banquette supérieure du compartiment numéro huit dans la voiture numéro sept de l'express de Moscou. J'ai également effectué le trajet Amsterdam-Moscou en train avec deux femmes russes pour compagnes. Une jeune fille, qui revenait de terminer son année scolaire en Allemagne, et une septuagénaire qui avait gardé un traumatisme sérieux de son séjour dans les camps de la mort, lequel l'obligeait à déménager un nombre incalculable de valises, de paquets, de cartons, encombrant notre espace du plancher au plafond, la laissait pantelante sur sa couche. Elle m'expliquait qu'elle ne pouvait se désaltérer ni se nourrir tant ses souvenirs l'assaillaient à chaque voyage. Elle s'adoucissait et s'étiolait au fur et à mesure que se déroulaient les kilomètres. Elle revivait intérieurement son supplice, une épopée mortelle dont seule une force mentale supérieure lui avait permis de sortir et, s'accrochait pour survivre, incapable de se transporter dans le temps présent.

À la gare de Bélorussie, Sergey et Elena m'attendent, me cajolent et me protègent. Après trois jours de cavalcades dans la capitale russe, je suis pourvue de la force nécessaire, des papiers indispensables et je peux m'évanouir en Sibérie, réalisant un rêve chéri.

Je décide de prendre un itinéraire personnel, m'éloignant des sentiers battus s'il en fut ! Un omnibus m'emmène jusqu'à Petovsky,

Telle est ma visite à la bania de Galina à qui je remets en cadeau quelques sachets de graines de fleurs apportées dans mes bagages.

Extrait

de

La Clarté des ténèbres

Le déjeuner

Maguy et Magalie descendaient l'avenue de l'Opéra. Elles avaient pris le 81 et, de leur banquette verte, elles regardaient, bien calées sur les sièges durs recouverts d'un tissu choisi pour faire gai, les immeubles cossus défiler derrière la vitre.

– Tiens ! C'est là que j'ai travaillé, » déclara Maguy alors que le véhicule passait devant une façade ressemblant énormément aux autres, mais pour elle, meublée de souvenirs lointains. Il y avait belle lurette qu'elle avait atteint l'âge de la retraite. Elle restait vive et trépidait d'une énergie vibrante tempérée par un caractère d'une douceur extrême.

Magalie essaya de repérer le bâtiment en question et acquiesça, légèrement incertaine tout de
même. Avait-elle regardé à temps par la fenêtre ? Elle était en train de réfléchir à une
question qui avait surgit dans son esprit : qui
décidait la couleur des tissus recouvrant les ba-
quettes d'autobus ? Et, y avait-il le choix ou
bien était-ce au départ un motif unique, inventé
de pair avec le modèle du bus ? De toute évi-
dence, ce tissu était résistant et spécialement
conçu à cet effet. Maguy continuait sa narra-
tion, l'empêchant de cogiter plus avant sur le
sujet.

– Et puis, quelquefois, le midi, je venais sur ce
banc manger un croissant. J'avais un ami qui
travaillait là. » Elle désignait un autre endroit
qu'elles dépassaient rapidement.

Encore quelques tournants, un parcours en bord de Seine sur le quai de la Messagerie. Ce fut l'arrêt final, le terminus au Châtelet. Elles étaient parvenues à leur destination. Aujourd'hui samedi, leur but était le cinquième étage du Bazar de l'Hôtel de ville. Elles s'offraient un déjeuner à la cafeteria avec vue sur les toits de Paris.

La place de l'Hôtel de ville était transformée en aire de repos avec un écran géant de télévision, déversant sur les badauds, qui en avaient vu d'autres, une musique lancinante, accompagnant les flots de paroles lascives sortant d'un gouffre noir bordé de rouge : la bouche d'une chanteuse à la mode selon toute probabilité, ayant la taille d'une cathédrale. Quant à la porte de l'Hôtel de ville, elle croulait sous un

amas informe de couleurs bigarrées, accro-
chées çà et là, tel des résidus de peintures sur
une palette d'artiste s'entremêlant et se fondant
les unes dans les autres.

En regardant de plus près, on apercevait, émer-
geant de la masse de coloris, des fleurs. Il
s'agissait d'une sculpture florale offerte par
l'école des fleuristes. Pourquoi ne s'étaient-ils
pas contentés de faire un bouquet décent, là
était le mystère. Pour être franc, ce fatras
amassé autour de la porte avait quelque chose
d'obscène, un peu comme des vomissures at-
tardées aux commissures d'un ivrogne. Trop
de couleurs, pas assez de nuances.

Le trottoir de la rue de Rivoli regorgeait de ca-
melots et d'étals surchargés d'articles vantant
la coupe du monde. Le Mondial comme tout le

monde disait. Les fétichistes du ballon avaient de quoi se réjouir. Les maillots, les porte-clés, les slips, les lunettes, tout était décoré de leur joujou favori.

En passant les portes du grand magasin, Maguy et Magalie laissèrent derrière elles la chaleur, les cris, les teintes violentes et pénétrèrent dans l'antre feutrée de luxe du rayon parfumerie. Elles se dirigèrent vers l'ascenseur au fond du rez-de-chaussée, pas tant pour éviter les escaliers roulants, mais tout simplement parce que Maguy devait téléphoner et que l'appareil se trouvait là.

Une femme énorme, appuyée sur une canne, leur barrait le chemin, dégageant les effluves nauséeux des êtres ayant la phobie du savon. L'espace restreint de l'ascenseur valorisait les

préférences du mastodonte qui, de toute évi-
dence, abhorrait de même le dentifrice, ce que
révélait la conversation qu'elle menait ardem-
ment avec un comparse méticuleux jusqu'aux
pellicules généreusement parsemées sur son
crâne dégarni.

Maguy et Magalie arrivèrent à l'entrée de la cafeteria après avoir traversé le rayon des cadres
et tableaux. Comme à chaque fois, Magalie
était satisfaite de voir l'échafaudage appétis-
sant de nourriture.

– Regarde ! Ici ce sont les ingrédients pour te
confectionner une salade de fruits. Des fraises,
de la crème fraiche, du coulis de framboises,
des pommes, des poires, des kiwis, du fromage
blanc. Tu peux te servir une belle coupe à ton
goût. Et, là, ce sont les pâtisseries. Elles sont

toujours délicieuses. Des tartes dorées aux fruits, des clafoutis, des crèmes au caramel, des îles flottantes troublaient les sens et, plus loin, les crudités coupées fin pour la salade entremêlaient leurs couleurs dans des compotiers posés sur de la glace.

– Si tu désires un plat chaud, c'est là.

– Non, je vais me faire une salade.

– Comme tu veux. Ici, on choisit son repas ».

Elles allèrent chacune de leur côté se composer le plateau désiré et se retrouvèrent à la caisse. Maguy avait plusieurs salades empilées savamment sur son assiette et Magalie avait opté pour un steak et des frites accompagnés d'une tartelette. Une bouteille d'eau minérale complétait leur repas.

– Allons chercher une place près de la fenêtre.

Tu vois Paris, c'est joli.

– Oui, là, il y a un seul monsieur.

– Bonjour, ces places sont-elles libres ?

– Euh… il y a un homme parti chercher son café.

– Mais, ces deux autres places, sont-elles libres ?

– Oui.

– Alors, nous nous asseyons ».

L'homme retira son sac et, Magalie s'installa sur la chaise devenue vacante. Quant à Maguy, elle hésitait entre pousser le plateau sur le côté ou bien déplacer un sac en plastique et le changer de siège. Elle adopta la première solution et fit légèrement glisser le plateau.

Elles commençaient à peine leur repas qu'un énergumène moustachu surgissait devant elles et les apostrophait d'une manière brutale et s'adressant à Maguy :

– Vous êtes assise à ma place.

– Excusez-moi, monsieur, j'ai déplacé votre plateau, mais je vous en prie, vous pouvez vous asseoir. Je change de place.

– Non, restez assise, c'est inutile.

– Bon, merci. » Mais, le moustachu continuait à bougonner de plus en plus fort.

– C'est impensable ! Le culot qu'elles ont ! Venir se mettre à ma place. Le monsieur vous a bien dit que j'étais parti chercher mon café, je vous ai vu de loin bavarder avec lui et vous vous êtes assises.

– Mais, monsieur, je viens de vous offrir de changer de place, alors pourquoi continuez-vous sur ce ton ?

– Alors, changeons de place. Il n'y a aucune raison pour que je perde ma place alors que l'on vous a dit que je revenais.

Maguy se lève et change de place avec l'affreux qui enchaîne :

– Il faut vraiment un sacré culot pour venir s'asseoir ici, alors qu'il y a des places libres à côté. » Magalie ne peut plus se contenir.

– Monsieur, vous êtes grossier et un mufle. Premièrement, vous prenez deux sièges pour vos aises, ce qui est accordé lorsqu'il y a peu de monde, mais nous voulons aussi prendre notre repas assises. Deuxièmement, il était difficile de savoir laquelle des deux chaises avait votre préférence, mais puisque Madame s'est levée malgré son âge pour vous donner satisfaction, je vous prierai de bien vouloir vous taire et nous laisser consommer tranquillement.

– Mais, c'est incroyable ! Il y avait quatre sièges libres à côté !

– Monsieur, nous avons la liberté de nous asseoir où bon nous semble, chaque consomma-
teur ayant droit à un siège. S'il vous est désa-
gréable à ce point de vous trouver en face de
moi, vous déménagez, car je vous assure que
j'y suis, j'y reste ! »

Après quelques ronchonnements plus ou moins
audibles, de la même veine, le monsieur déplia
démonstrativement son journal, but son café en
deux minutes et force lui fut de s'éclipser car
leur voisin de table les avait quittés sur un salut
des plus correct.

– Il est malpoli de lire à table » déclara Maguy de sa voix posée et douce. « On ne déplie
pas son journal en présence de dames. »

Remerciements

Je voudrais vous remercier d'avoir acheté et lu « Cours d'architecture ». J'espère que vous avez trouvé du plaisir à cette version light de « Crime à l'université » (dont vous pouvez trouver à version intégrale sur Amazon).

Je vous serais extrêmement reconnaissante si vous pouviez mettre un commentaire sur la plateforme où vous l'avez téléchargé, cela m'aiderait beaucoup pour savoir comment améliorer mes écrits dans le futur.

Par ailleurs, si vous désirez être tenu au courant de mes prochaines publications, et la date de parution de mon prochain livre, veuillez m'envoyer un mail en mentionnant dans l'objet « parutions livres » mail à cette adresse :

Clementml@me.com

N'ayez crainte, je suis très respectueuse de la vie privée de chacun et votre adresse mail sera en sécurité. Il va sans dire que je ne la transmettrai à personne. N'ayez non plus pas peur d'être inondée de mails de ma part, je ne sors pas un livre toutes les semaines !

D'autre part, si vous êtes intéressée à connaître mes autres sujets de prédilection, vous pouvez vous rendre sur ma page auteur Amazon: http://amzn.to/1p1wpqO

Vous pouvez aussi me suivre sur

mon blog: www.aventurelitteraire.com

ma page FaceBook:

https://www.facebook.com/muriellelucie-clementpage/

mon site perso:

www.muriellelucieclement.com

Imprimé par CreateSpace Amazon

mars 2017

www.ingramcontent.com/pod-product-compliance
Lightning Source LLC
Chambersburg PA
CBHW060124050426
42448CB00010B/2015